EMPFOHLENES BUCH:

Wer bist du wirklich?
Ein Guide zu den 16 Persönlichkeitstypen
ID16™©

Jarosław Jankowski

Wieso sind wir so verschieden? Wieso nehmen
wir auf unterschiedliche Art Informationen auf,
entspannen anders, treffen anders
Entscheidungen oder organisieren auf
verschiedene Weiseunser Leben?

„Wer bist du wirklich?" erlaubt es Ihnen, sich
selbst und andere Menschen besser zu verstehen.
Der im Buch enthaltene Test ID16 hilft Ihnen
dabei, Ihren Persönlichkeitstyp festzustellen.

Ihr Persönlichkeitstyp:
Praktiker
(ISTP)

Ihr Persönlichkeitstyp:

Praktiker
(ISTP)

Serie ID16™©

JAROSŁAW JANKOWSKI

LOGOS MEDIA

Ihr Persönlichkeitstyp: Praktiker (ISTP)

Diese Veröffentlichung hilft Ihnen, Ihr Potenzial besser zu nutzen, gesunde Beziehungen zu anderen Menschen aufzubauen und richtige Entscheidungen auf Ihrem Bildungs- und Berufsweg zu treffen. Sie sollte aber keineswegs als Ersatz für eine fachliche psychologische oder psychiatrische Beratung angesehen werden.

Der Autor sowie der Herausgeber übernehmen keine Haftung für eventuelle Schäden, die aufgrund der Nutzung dieser Publikation entstanden sind.

ID16™© ist eine vom Autor geschaffene Persönlichkeitstypologie, die nicht mit Typologien und Tests anderer Autoren oder Institutionen verglichen werden kann.

Aus Gründen der Lesbarkeit wurde im Text die männliche Form gewählt, nichtsdestoweniger beziehen sich die Angaben auf Angehörige beider Geschlechter.

Originaltitel: Twój typ osobowości: Praktyk (ISTP)

Übersetzung aus dem Polnischen: Wojciech Dzido, Lingua Lab, www.lingualab.pl

Redaktion: Martin Kraft, Lingua Lab, www.lingualab.pl

Technische Redaktion: Zbigniew Szalbot

Herausgeber: LOGOS MEDIA

Druckausgabe: ISBN 978-83-7981-150-2

eBook (EPUB): ISBN 978-83-7981-151-9

eBook (MOBI): ISBN 978-83-7981-152-6

Inhaltsverzeichnis

Einführung

Ihr Persönlichkeitstyp: Praktiker (ISTP) stellt ein außergewöhnliches Nachschlagewerk zum *Praktiker* dar, einem der 16 Persönlichkeitstypen ID16$^{TM©}$.

Dieser Guide ist Teil der Serie ID16$^{TM©}$, die aus 16 Bänden besteht, die den einzelnen Persönlichkeitstypen gewidmet sind. Sie liefern auf eine ausführliche und verständliche Art und Weise Antworten auf folgende Fragen:

- Wie denken und fühlen Menschen, die zum jeweiligen Persönlichkeitstyp gehören? Wie treffen sie Entscheidungen? Wie lösen sie Probleme? Wovor haben sie Angst? Was stört sie?

- Mit welchen Persönlichkeitstypen kommen sie gut klar, mit welchen hingegen nicht? Was für Freunde, Lebenspartner, Eltern sind diese Menschen? Wie werden sie von anderen betrachtet?

- Was für berufliche Voraussetzungen haben sie? In was für einem Umfeld arbeiten sie am effektivsten? Welche Berufe passen am besten zu ihrem Persönlichkeitstyp?

- Was können sie gut und an welchen Fähigkeiten müssen sie noch feilen? Wie können sie ihr Potenzial ausschöpfen und Fallen aus dem Weg gehen?

- Welche bekannten Personen gehören zum jeweiligen Persönlichkeitstyp?

- Welche Gesellschaft verkörpert die meisten Charakterzüge des jeweiligen Typs?

In diesem Buch finden Sie ebenso die wichtigsten Informationen zur Persönlichkeitstypologie ID16$^{TM©}$.

Wir hoffen, dass es Ihnen dabei hilft, sich selbst und andere Menschen besser zu verstehen und kennenzulernen.

DIE HERAUSGEBER

ID16™©
im Kontext Jungscher
Persönlichkeitstypologien

ID16™© gehört zur Familie der sog. Jungschen Persönlichkeitstypologien, die auf der Theorie von Carl Gustav Jung (1875-1961) basieren – einem Schweizer Psychiater und Psychologen und einem der wichtigsten Vertreter der sog. Tiefenpsychologie.

Auf Grundlage langjähriger Forschungen und Beobachtungen kam Jung zur Schlussfolgerung, dass die Unterschiede in der Haltung und den Vorlieben von Menschen nicht zufällig sind. Er erschuf daraufhin die heute bekannte Unterscheidung in Extrovertierte und Introvertierte. Ferner unterschied Jung vier Persönlichkeitsfunktionen, die zwei gegensätzliche Paare bilden: Empfindung – Intuition und Denken – Fühlen. Jung betonte, dass in jedem dieser Paare eine der Funktionen dominierend ist. Er kam zur Einsicht, dass die dominierenden Eigenschaften eines jeden Menschen stetig und unabhängig von externen Bedingungen sind, ihre Resultante hingegen der jeweilige Persönlichkeitstypus ist.

Im Jahre 1938 erschufen zwei amerikanische Psychiater, Horace Gray und Joseph Wheelwright, den ersten Persönlichkeitstest, der auf der Theorie von Jung basierte und die Bestimmung dominierender Funktionen in den drei von ihm beschriebenen Dimensionen ermöglichte: **Extraversion-Introversion**, **Empfindung-Intuition** sowie **Denken-Fühlen.** Dieser Test wurde zur Inspiration für andere Forscher. Im Jahre 1942, ebenfalls in den USA, begannen wiederum Isabel Briggs Myers und Katharine Briggs ihren eigenen Persönlichkeitstest anzuwenden. Sie erweiterten das klassische, dreidimensionale Modell von Gray und Wheelwright um eine vierte Dimension: **Bewertung-Beobachtung**. Die meisten der späteren Typologien und Persönlichkeitstests, die auf der Theorie von Jung basierten, übernahmen daraufhin auch diese vierte Dimension. Zu ihnen gehört auch u. a. die amerikanische Studie aus dem Jahre 1978 von David W. Keirsey sowie der Persönlichkeitstest von Aušra Augustinavičiūtė aus den 1970er Jahren. In den folgenden Jahrzehnten folgten Forscher aus der ganzen Welt, womit sie weitere vierdimensionale Typologien und Tests erschufen, die an lokale Bedingungen und Bedürfnisse angepasst wurden.

Zu dieser Gruppe gehört die unabhängige Persönlichkeitstypologie ID16™©, die in Polen vom

Pädagogen und Manager Jarosław Jankowski erarbeitet wurde. Diese Typologie, die im ersten Jahrzehnt des 21. Jahrhunderts veröffentlicht wurde, basiert ebenfalls auf der klassischen Theorie von Carl Gustav Jung. Ähnlich wie auch andere moderne Jungsche Typologien reiht sie sich in die vierdimensionale Persönlichkeitsanalyse ein. Im Falle von ID16™© werden diese Dimensionen als **vier natürliche Veranlagungen** bezeichnet. Diese Veranlagungen haben einen dichotomischen Charakter, ihre Charakteristik hingegen liefert Informationen über die Persönlichkeit eines Menschen. Die Analyse der ersten Veranlagung hat die Bestimmung einer dominierenden **Lebensenergiequelle** zum Ziel (äußere oder innere Welt). Die zweite Veranlagung wiederum bestimmt die dominierende Art und Weise, wie **Informationen aufgenommen werden** (mithilfe von Sinnen oder Intuition). Die dritte Veranlagung hingegen determiniert die dominante **Entscheidungsfindung** (Verstand oder Herz). Die Analyse der letzten Veranlagung schlussendlich liefert den dominanten **Lebensstil** (organisiert oder spontan). Die Kombination aller natürlichen Veranlagungen ergibt im Endresultat einen von **16 möglichen Persönlichkeitstypen**.

Eine besondere Eigenschaft der Typologie ID16™© ist ihre praktische Dimension. Sie beschreibt die einzelnen Persönlichkeitstypen in der Praxis – auf der Arbeit, im Alltag oder in zwischenmenschlichen Kontakten und Beziehungen. Diese Typologie konzentriert sich nicht auf die innere Dynamik der Persönlichkeit und versucht nicht, eine theoretische Erklärung für innere, unsichtbare

Prozesse zu finden. Viel mehr versucht sie zu erläutern, wie die jeweilige Persönlichkeit nach außen wirkt und welchen Einfluss sie auf ihr Umfeld nimmt. Diese Fokussierung auf den sozialen Aspekt einer jeden Persönlichkeit stellt eine Gemeinsamkeit mit der o. g. Typologie von Aušra Augustinavičiūtė dar.

Jeder der 16 Persönlichkeitstypen ID16™© ist eine Resultante natürlicher Veranlagungen des Menschen. Die Zuschreibung zum jeweiligen Typus birgt aber keine Bewertung. Keiner der Typen ist besser oder schlechter als die anderen. Jeder von ihnen ist schlichtweg anders und verfügt über seine eigenen starken und schwachen Seiten. ID16™© erlaubt es, diese Unterschiede zu identifizieren und sie zu beschreiben. Er hilft einem dabei sich selbst zu verstehen und seinen Platz auf dieser Welt zu finden.

Die Tatsache, dass Menschen ihr eigenes Persönlichkeitsprofil kennen, erlaubt es ihnen, voll und ganz ihr Potenzial zu nutzen und an all jenen Gebieten zu arbeiten, die ihnen Probleme bereiten könnten. Es ist eine unschätzbare Hilfe im Alltag, bei der Suche nach Problemlösungen, beim Aufbau gesunder zwischenmenschlicher Beziehungen sowie bei der Entscheidungsfindung auf dem Bildungs- und Berufsweg.

Die Identifizierung des Persönlichkeitstypus ist kein willkürlicher oder mechanischer Prozess. Jeder Mensch ist als „Inhaber und Nutzer seiner Persönlichkeit" in vollem Maße kompetent zu entscheiden, zu welchem Typus er gehört. Somit haben Menschen eine Schlüsselrolle in diesem Prozess. Solch eine Selbstidentifizierung kann zum einen dadurch erfolgen, dass man sich die Beschreibungen aller 16 Persönlichkeitstypen durchliest und schrittweise die Auswahl einengt. Zum anderen kann man aber auch den schnelleren Weg wählen und den Persönlichkeitstest ID16™© ausfüllen. Auch in diesem Falle spielt der „Nutzer einer Persönlichkeit" die Schlüsselrolle, denn das Ergebnis des Tests hängt einzig und allein von seinen Antworten ab.

Die Identifizierung soll dabei helfen, sich selbst und andere zu verstehen, wenngleich sie keinesfalls als Orakel für die Zukunft angesehen werden sollte. Der Persönlichkeitstyp sollte zudem nie unsere Schwächen oder schlechte Beziehungen zu anderen Menschen rechtfertigen (obwohl er helfen sollte, die Gründe hierfür zu verstehen)!

Im Rahmen von ID16™© wird die Persönlichkeit nie als statisch, genetisch determinierter Zustand verstanden, sondern als Resultante angeborener und erworbener Eigenschaften. Solch eine Perspektive vernachlässigt nicht den freien Willen und kategorisiert nicht. Sie eröffnet viel mehr neue Perspektiven und regt zur Arbeit an sich selbst an, indem sie Bereiche aufzeigt, in denen dies am meisten benötigt wird.

Der Praktiker (ISTP)

PERSÖNLICHKEITSTYPOLOGIE ID16™©

Profil

Lebensmotto: *Taten sind wichtiger als Worte.*

Optimistisch, spontan und mit einer positiven Lebenseinstellung. Beherrschte und unabhängige Menschen, die ihren eigenen Überzeugungen treu sind und äußeren Normen und Regeln skeptisch gegenüberstehen. *Praktiker* sind nicht an Theorien oder Überlegungen bzgl. der Zukunft interessiert. Sie ziehen es vor, konkrete und handfeste Probleme zu lösen.

Sie passen sich gut an neue Orte und Situationen an und mögen Herausforderungen und das Risiko. Ferner vermögen sie es, bei Gefahr einen kühlen Kopf zu behalten. Ihre Wortkargheit und extreme Zurückhaltung bei der Äußerung von

Meinungen bewirken, dass sie für andere Menschen manchmal unverständlich erscheinen.

Natürliche Veranlagungen des *Praktikers*

- Die Quelle seiner Lebensenergie: seine innere Welt.
- Informationsaufnahme: Sinne.
- Art und Weise wie Entscheidungen getroffen werden: Verstand.
- Lebensstil: spontan.

Ähnliche Persönlichkeitstypen

- *Inspektor*
- *Animateur*
- *Verwalter*

Statistische Angaben

- *Praktiker* stellen ca. 6-9 % der Gesellschaft dar.
- Unter *Praktiker* überwiegen Männer (60 %).
- Das Land, welches dem Profil des *Praktikers* entspricht, ist Singapur.[1]

Buchstaben-Code

Der universelle Code des *Praktikers* ist in den Jungschen Persönlichkeitstypologien ISTP.

---

[1] Dies bedeutet nicht, dass alle Einwohner von Singapur zu dieser Gruppe gehören, wenngleich die singapurische Gesellschaft – als Ganzes – viele charakteristische Eigenschaften der *Praktiker* verkörpert.

Allgemeines Charakterbild

Praktiker leben für den Tag. Sie haben eine positive Lebenseinstellung und vermögen es, sich am Augenblick zu erfreuen. Sie bekümmert selten die Zukunft, ihr Leben passiert nämlich hier und jetzt. In der Regel mögen sie keine langfristigen Pläne und weitreichenden Verpflichtungen. *Praktiker* investieren ebenfalls nicht viel Zeit in Vorbereitungen. Sie agieren eher impulsiv als geplant. Darüber hinaus haben sie einen ästhetischen Sinn, wenngleich sie von Extravaganz und Bizzarheiten nicht viel halten. Ihr Lebensstil ist relativ einfach.

Wahrnehmung und Lernen

Praktiker bemerken Details, die für andere unerkennbar sind, wohingegen es ihnen schwerfällt, eine breitere Perspektive einzunehmen, langfristige Konsequenzen ihrer Entscheidungen zu erkennen oder Zusammenhänge zwischen einzelnen Fakten und Phänomenen zu sehen. Sie mögen die Tat und sind extrem praktisch veranlagt (daher auch der Name für diesen Persönlichkeitstyp). Unter allen Persönlichkeitstypen haben *Praktiker* den größten Hang zu Risiko. Sie verfügen auch über einen natürlichen technischen Sinn und manuelle Fähigkeiten. Für gewöhnlich sind sie skeptisch gegenüber abstrakten Theorien und Konzepten, die nicht in der Praxis anwendbar sind.

In der Regel gehören *Praktiker* zu den Menschen, die in ihrer Kindheit Spielzeug in Einzelteile zerlegt haben, um zu sehen, wie sie aufgebaut sind. Oftmals erinnern sie sich nicht gerne an den Schulunterricht zurück, da sie von trockenen, theoretischen und monotonen Vorgängen ermüden. Am liebsten und effektivsten lernen *Praktiker* anhand von Erfahrungen. Sie mögen Experimente und schätzen die Freiheit bei der Arbeit an Aufgaben. *Praktiker* interessieren sich für die Art und Weise, wie verschiedene Geräte funktionieren, weswegen sie auch oft handwerklich tätig sind, um auf meisterliche Art verschiedene Änderungen, Verbesserungen oder Reparaturen durchzuführen. Wenn sie ein Problem lösen müssen, vermögen es *Praktiker* rasch einzuschätzen, welche Werkzeuge oder Mittel notwendig sind, um dann blitzschnell mit der Arbeit zu beginnen. Sie kommen sehr gut mit manuellen Tätigkeiten zurecht und erwecken auch bei Dingen, die sie zum ersten Mal machen, den Anschein von Experten.

Innerer Kompass

Praktiker sind von Natur aus flexibel und vermögen es, sich an neue Gegebenheiten anzupassen. Sie erlauben jedoch nicht, dass andere Menschen ihre Privatsphäre verletzen oder sich in ihr Leben einmischen. Sie mögen es nicht, wenn jemand ihnen sagt, was sie machen sollten oder wie sie zu leben haben. Manchmal – aus Prinzip – verhalten sie sich anders als erwartet. Sie sind sehr eigenständig und erlauben niemandem, Entscheidungen für sie zu treffen. Auch Prüfungen und Kontrollen begegnen sie mit Missfallen, da sie Freiheit, Unabhängigkeit und Raum brauchen. Sie ärgern sich, wenn jemand „ihr Territorium" betritt und sind manchmal verrückt in puncto Privatsphäre.

Für gewöhnlich stehen *Praktiker* allgemein anerkannten Autoritäten sowie von oben angeordneten Normen und Wahrheiten skeptisch gegenüber. Sie bevorzugen es, sich im Leben an ihre eigenen Regeln zu halten. In der Regel machen sie auch das, was sie für richtig erachten und begegnen der Meinung und den Urteilen anderer Menschen mit Gleichgültigkeit. Sie vertragen gut Kritik und verstehen es auch selbst, Kritik auszuüben. *Praktiker* sind immun gegen Druck von außen und vermögen es unabhängig von den Umständen bei ihren Ansichten und Vorlieben zu verbleiben.

Für gewöhnlich halten sie sich an die Regeln des Egalitarismus und vertreten die Meinung, dass alle Menschen gleich sind und auch gleich behandelt werden sollten. Jegliche Titel, Abstammung oder Positionen machen auf sie keinen großen Eindruck. Sie schätzen jedoch Menschen, die über besondere Erfahrung oder praktische Fähigkeiten verfügen.

In den Augen anderer Menschen

Von anderen Menschen werden *Praktiker* als selbstsicher, kühl und geheimnisvoll angesehen. Sie gelten aber als Experten auf Gebieten, die nach manuellen Fertigkeiten oder technischem Know-how verlangen. Sie genießen den Ruf tüchtiger und praktischer Menschen, auf deren Hilfe man immer zählen kann. *Praktiker* erstaunen jedoch ihr Umfeld mit ihrer Unbeständigkeit, da sie sehr schnell dazu neigen, ihre Begeisterung zu verlieren und ihre Meinung zu ändern. Andere Menschen wiederum stören sich an ihrer Kurzsichtigkeit und dem fehlende Interesse an Fragen, die über das „Hier und Jetzt" hinausgehen. Verwirrung bei anderen rufen auch ihre Geheimnistuerei, Wortkargheit sowie ihr Widerwille hervor, ihre Überlegungen und Ansichten zu teilen.

Praktiker selbst mögen hingegen Menschen nicht, die versuchen, sie zu belehren oder Druck auf sie auszuüben. Sie verstehen ebenfalls all jene Menschen nicht, die über Monate hinweg über langfristige Pläne sprechen, dabei aber keine Maßnahmen ergreifen, um sie zu realisieren. Es fällt ihnen auch schwer, dass Menschen, die die gleiche Situation beobachten und die gleichen Informationen zur Verfügung haben, oftmals extrem unterschiedliche Rückschlüsse ziehen.

Kommunikation

Ihre Wortkargheit bewirkt, dass *Praktiker* oftmals als geheimnisvoll und undurchlässig eingestuft werden. Entscheidungen treffen sie für gewöhnlich eigenständig und besprechen sie selten mit anderen Menschen, was manchmal ihre Vertrauten und Kollegen überrascht. Unter allen Persönlichkeitstypen sind *Praktiker* am wenigsten kommunikativ. Ihre Aussagen, die selten und lakonisch sind, sind dahingegen sehr oft zutreffend und sachlich.

Beobachtung

Praktiker sind hervorragende Beobachter. Sie beobachten ununterbrochen ihr Umfeld auf der Suche nach neuen Informationen, weswegen sie auch schnell jegliche Veränderungen erkennen. Neue Daten bewerten sie hauptsächlich unter dem Gesichtspunkt des potenziellen Einflusses auf ihr Leben oder der Möglichkeit, sie für konkrete Probleme, die sie antreffen, zu verwenden. *Praktiker* tendieren darüber hinaus dazu, Informationen zu verwerfen, die nicht im Einklang mit ihren Erfahrungen stehen. Solch eine Haltung engt manchmal ihre Perspektive ein und führt gar zu einer eigenen, alternativen Vision der Realität.

Lösen von Problemen

Wenn *Praktiker* ein Problem lösen sollen, vermögen sie es schnell die Situation einzuschätzen. Sie berücksichtigen alle Mittel und Möglichkeiten, die im jeweiligen Moment zur Verfügung stehen, und treffen blitzschnell eine angemessene Entscheidung. Sie kommen hervorragend in Krisensituationen zurecht, in denen schnell entschieden und improvisiert werden muss. Wenn wiederum bewährte Prozeduren und Verhaltensregeln versagen und Menschen den Boden unter den Füßen verlieren, richten sich *Praktiker* nach ihrem inneren Kompass und bewahren einen kühlen Kopf.

Bei erhöhtem Risiko oder gefährdeter Sicherheit vermögen es *Praktiker*, wichtige Entscheidungen zu treffen. Sie agieren auf eine rationale und objektive Art und Weise und achten dabei nicht auf die emotionalen Reaktionen ihres Umfelds.

Freizeit

Praktiker sind fähig, sich ihres Lebens zu erfreuen und gekonnt ihre Arbeit mit Vergnügen zu vereinen. Sie finden immer Zeit zum Entspannen oder für ihre Hobbys. In ihrer Freizeit nutzen sie gerne ihre manuellen Fähigkeiten aus, wobei sie aber auch physische Aktivität und Spaß und Spiel mögen. Sie treffen sich gerne mit Menschen, die ihre Interessen und Ansichten teilen. Auf diese Art und Weise vertiefen sie ihr Wissen und erlangen neue Informationen. *Praktiker* sind relativ stressresistent. Langfristige Spannungen bewirken jedoch manchmal, dass sie zynisch und verbittert werden. Sie können ferner auch zu einer immer stärkeren Selbstisolation oder übertriebenen Ausbrüchen führen.

Sozialer Aspekt der Persönlichkeit

Praktiker sind von Natur aus sehr zurückhaltend in Beziehungen und es fällt einem schwer, sich ihnen zu nähern. Dies ist aber keineswegs durch Abneigung gegenüber anderen Menschen bedingt, wie manch einer denken könnte. *Praktiker* sind nämlich für gewöhnlich tolerant und offen und vermögen gesunde und freundschaftliche Beziehungen aufzubauen. Sie gehen aber davon aus, dass Gespräche und Treffen einem Zweck dienen sollten (bspw. der gemeinsamen Lösung eines Problems).

Alleine die Gesellschaft anderer Menschen stellt für *Praktiker* keinen Wert an sich dar. Sie mögen keine Integrationsausflüge, Zusammenkünfte oder besondere Anlässe. Ferner verstehen sie keine höflichen Umgangsformen und vermögen es nicht, über „das Wetter zu sprechen". *Praktiker* wundern sich über die Tatsache, dass andere Zeit für Gespräche über nichts haben. In der Regel interessieren sie sich auch nicht für Personen, die sie nicht kennen und langweilen sich bei Gesprächen mit Menschen, die ganz andere Interessen haben.

Ein häufiges Problem von *Praktikern* ist ihr Unvermögen, über ihre Gefühle und Emotionen zu sprechen. Für gewöhnlich gehen sie davon aus, dass Taten mächtiger sind als Worte, weswegen sie versuchen, mit ihren Taten ihren Emotionen sowie ihrer Hingabe Ausdruck zu verleihen. Wenn ihre Nächsten oder Bekannten praktische Unterstützung benötigen, können sie immer auf *Praktiker* zählen. Respekt und Bewunderung seitens anderer Menschen befriedigt *Praktiker* immens, daher mögen sie es, sich als Experten auf ihrem Gebiet zu fühlen.

Unter Freunden

In Beziehungen schätzen *Praktiker* Einfachheit und Unabhängigkeit. Sie meiden oftmals bewusst Kontakte, die nach intensiverem emotionalem Engagement verlangen und die viel Zeit und Energie in Anspruch nehmen. *Praktiker* schätzen die Privatsphäre und Eigenständigkeit anderer, was auch auf ihre eigene Freiheit zutrifft, weswegen sie eifrig ihr „Terrain" verteidigen. *Praktiker* benötigen oftmals Einsamkeit, Ruhe und Raum, was gelegentlich als das Zeigen von Distanz gegenüber anderen oder Gleichgültigkeit gegenüber deren Bedürfnissen empfunden wird.

Freunde jedoch kennen sie auch von einer anderen Seite. Wenn sich *Praktiker* unter guten Bekannten befinden, hören sie ihnen gerne zu und stellen viele Fragen. Sie sind tolerant und flexibel und haben den Ruf unproblematischer Gesellen.

Praktiker vermögen es zudem, sich in verschiedenen Situationen zurechtzufinden und gelten als Menschen, bei denen immer etwas los ist. Anderen Menschen imponiert ihre Fähigkeit, Freude am Leben zu haben sowie ihre Vorliebe für Abenteuer und extreme Erlebnisse.

Sie sind fähig, mit ehrlichem Interesse anderen zuzuhören, wenngleich *Praktiker* selber recht wenig sagen. Sie äußern selten ihre eigene Meinung und mögen es nicht, sich vor anderen zu öffnen. Es kommt vor, dass sie auf eine ausweichende oder verzwickte Art und Weise antworten, wenn sie nach ihrer Meinung gefragt werden. Manchmal erwecken sie den Anschein, Einzelgänger zu sein. Was aber der Wahrheit entspricht, ist die Tatsache, dass *Praktiker* andere Menschen brauchen – ohne sie fühlen sie sich entfremdet und nutzlos. Nähere Freundschaften knüpfen sie für gewöhnlich mit Menschen, die ähnliche Ansichten und Interessen vertreten. Nicht selten haben *Praktiker* nur eine Handvoll enger Bekannte und Freunde. Am häufigsten freunden sie sich mit *Inspektoren*, *Animateuren*, *Logikern* und anderen *Praktikern* an. Am seltensten hingegen mit *Beratern*, *Mentoren* und *Enthusiasten*.

In der Ehe

Praktiker gewähren ihren Lebenspartnern große Freiheiten. Sie selbst brauchen auch Freiheit und kommen nicht gut mit jeglichen Versuchen der Eingrenzung zurecht. Sie bringen in Beziehungen ihre Flexibilität und ihre Begeisterung mit ein. Für gewöhnlich sind sie auf den aktuellen Tag fixiert und denken nicht darüber nach, was die Zukunft bringt. Das bedeutet aber keineswegs, dass sie nicht imstande sind, in einer Beziehung ein ganzes Leben lang auszuhalten. Viel mehr nehmen sie einfach keine langfristigen Perspektiven ein – jeder neue Tag ist für sie ein unbeschriebenes Blatt. Normalerweise denken sie auch nicht voraus, weswegen das Ehegelübde „Bis dass der Tod uns scheidet" sie mit Angst erfüllen kann.

Von Natur aus sind sie wortkarg und äußern selten ihre Meinung, ihre Ansichten oder ihre Gefühle. Die größte Herausforderung in Beziehungen mit *Praktikern* ist ihr Unvermögen, menschliche Gefühle und Bedürfnisse zu deuten (oftmals von ihren Partnern irrtümlicherweise als Gleichgültigkeit empfunden). *Praktiker* sind imstande ihre Partner ehrlich zu lieben und gleichzeitig sich gar nicht derer Gefühle, Empfindungen und Erlebnisse bewusst zu sein. Sie können auch nicht verstehen, dass ihre Lebenspartner Komplimente und Fürsorge brauchen, da sie selbst keinerlei solche Bedürfnisse verspüren. Es kommt also vor, dass sie gar überrascht sind, wenn sie sich die Wünsche ihrer Partner vor Augen führen und nicht wissen, wie damit umzugehen ist.

In Anbetracht einer Krise versuchen *Praktiker* für gewöhnlich die Beziehung zu retten. Wenn ihre Bemühungen aber scheitern, kann es sein, dass sie aufgeben und einsehen, dass die Situation sie überfordert oder dass ihre Partner überhöhte Anforderungen haben. Für gewöhnlich haben *Praktiker* kein Problem damit, destruktive oder toxische Beziehungen zu beenden.

Natürliche Kandidaten als Lebenspartner sind für *Praktiker* Personen mit verwandten Persönlichkeitstypen: *Inspektoren*, *Animateure* oder *Verwalter*. In solchen Beziehungen ist es für sie einfacher, gegenseitiges Verständnis und harmonische Beziehungen aufzubauen. Die Erfahrung zeigt aber, dass *Praktiker* auch imstande sind, gelungene, glückliche Beziehungen mit Personen einzugehen, deren Typ offensichtlich völlig verschieden ist. Umso interessanter sind diese Beziehungen, da die Unterschiede zwischen den Partnern der Beziehung Dynamik verleihen und Einfluss auf die persönliche Entwicklung nehmen können (viele Personen bevorzugen diese Perspektive, die sich für sie interessanter gestaltet als eine harmonische Beziehung, in der ständig Einklang und gegenseitiges Verständnis herrscht).

Als Eltern

Auch als Eltern sind *Praktiker* flexibel und tolerant. Sie beaufsichtigen ihre Kinder nicht übermäßig und gewähren ihnen viele Freiheiten sowie Raum zur Entwicklung. Wenn die Situation es verlangt, verstehen sie es jedoch Disziplin und Strafen walten zu lassen. Dahingegen fühlen sie sich nicht verpflichtet, ihren Kindern ihre Werte beizubringen, ihnen die Welt zu erklären oder ihnen zu sagen, wie man leben sollte. Im Endeffekt fehlt es ihren Kindern ab und zu an klaren Regeln im Leben. Zwischen *Praktikern* und ihren Kindern kommt es ferner oft zu einer Art emotionaler Distanz (wenn das zweite Elternteil nicht fähig ist, die emotionalen Bedürfnisse der Kinder zu befriedigen, kann es schwerwiegende Folgen für ihre Beziehung haben).

Praktiker vermögen es, ihren Kindern viele Attraktionen zu bieten (für die sie auch großzügig Geld ausgeben). Es fällt ihnen aber weitaus schwerer, sich emotional zu engagieren und ihrem Nachwuchs Zeit für gemeinsame Spiele oder Gespräche zu widmen. Es kommt deswegen vor, dass *Praktiker* im täglichen Leben ihrer Kinder praktisch abwesend sind. Dafür verstehen sie es hervorragend, gemeinsame Ausflüge zu organisieren, bei denen sie ihre Kinder besser kennenlernen. Für ihre Kinder sind diese Ausflüge wiederum die wertvollsten Erlebnisse ihrer Kindheit, an die sie sich ihr ganzes Leben lang erinnern.

Arbeit und Karriere

Die Leidenschaft von *Praktikern* ist auch ihr Schlüssel zum Erfolg. Wenn sie sich mit dem befassen, was ihre Begeisterung hervorruft, können sie viel erreichen. *Praktiker* sind „Menschen der Tat" und mögen Aktivitäten und Unbeständigkeit. Dahingegen langweilen sie sich recht schnell, wenn sie Aufgaben übernehmen müssen, die nach langer Konzentration und Planung sowie vorrausschauendem Denken verlangen. Sie bevorzugen entschieden Unterfangen mit einer kürzeren Zeitspanne.

Unternehmen

Praktiker finden sich schlecht in bürokratisierten Institutionen mit festen Strukturen und präzise definierten Prozeduren wieder. Pläne oder Berichte gehören nicht zu ihrer Welt. Sie vertragen keine Routine, da sie Vielfältigkeit mögen und es vermögen, sich zeitgleich mit mehreren Angelegenheiten zu beschäftigen (in der Regel fällt es *Praktikern* einfacher, etwas zu beginnen als zu beenden).

Praktiker finden sich gut in Unternehmen zurecht, die ihre Mitarbeiter nicht einschränken und ihnen Freiheiten bei ihren Aufgaben gewähren. Am liebsten beschäftigen sie sich mit konkreten, praktischen und handfesten Problemen. *Praktiker* haben keine Angst vor Risiko und Experimenten. Sie mögen es jedoch in Bereichen tätig zu sein, die sie gut kennen. Oftmals entwickeln sie sich zu echten Experten auf den Gebieten, für die sie sich interessieren.

Im Team

Praktiker können zwar mit anderen Menschen zusammenarbeiten, aber diese Kooperation führt für gewöhnlich in ihrem Fall zu keiner emotionalen Bindung. Wenn sie in einem Team arbeiten, sind sie für gewöhnlich die Personen, die eine objektive und realistische Einschätzung der Situation einbringen und es vermögen, emotionslos Fakten zu analysieren.

Vorgesetzte

Normalerweise schätzen *Praktiker* Vorgesetzte, die ihren Mitarbeitern Freiheiten gewähren. Sie brauchen keine strenge Kontrolle, da sie sich selbst zur Arbeit motivieren. Wenn *Praktiker* eine leitende Position innehaben, erkennen sie in aller Regel recht schnell die Probleme der Firma und identifizieren die schwächsten Glieder des Systems. Sie betrachten die Realität sehr selten durch eine rosarote Brille.

Im Regelfall sind *Praktiker* Realisten, die keine Illusionen haben. Sie versuchen anderen und sich selbst nicht einzureden, dass die Dinge von alleine besser werden. Ferner haben *Praktiker* keine Skrupel gegenüber schwächeren Mitarbeitern – üblicherweise entledigen sie sich recht schnell solcher Mitarbeiter. *Praktiker* sind keine Befürworter eines kollegialen, demokratischen Verwaltungsstils in einem Unternehmen, da sie sich ungern beraten lassen sowie ungern auf die Meinung anderer hören. Sie bevorzugen es, Entscheidungen eigenständig zu treffen. Ein häufiges Problem von *Praktikern* ist die Tatsache, dass sie unzureichend Pflichten abgeben, weswegen sie dazu neigen, überlastet zu sein.

Normalerweise haben *Praktiker* keine Angst vor Risiko. Sie treffen gewagte Entscheidungen und spielen um große Einsätze, nicht selten setzen sie alles auf eine Karte. *Praktiker* haben keine Angst vor schwierigen Entscheidungen und vermögen es, auf Grundlage nicht kompletter Daten zu handeln. Auf ihre Handlungen haben weder Emotionen noch Sentimentalitäten Einfluss. Manchmal werfen andere Menschen ihnen vor, dass sie bei ihren Entscheidungen den „menschlichen Faktor" vernachlässigen (sie interessieren sich hauptsächlich für das objektive Wohl des Unternehmens, nicht aber für die Empfindungen der Mitarbeiter).

Berufe

Das Wissen über das eigene Persönlichkeitsprofil sowie die natürlichen Präferenzen stellen eine unschätzbare Hilfe bei der Wahl des optimalen Berufsweges dar. Die Erfahrung zeigt, dass *Praktiker* mit Erfolg in verschiedenen Bereichen arbeiten und aufgehen können. Doch dieser Persönlichkeitstyp prädisponiert sie auf natürliche Art und Weise zu folgenden Berufen:

- Antiterrorspezialist,
- Bauarbeiter,
- Berufsfahrer,
- Detektiv,
- Elektriker,
- Elektroniker,
- Feuerwehrmann,
- Flieger,
- Ingenieur,
- IT-Analytiker,
- IT-Spezialist,
- Jurist,
- Juwelier,
- Landwirt,
- Mechaniker,
- Mitarbeiter im Krisenzentrum,
- Mitarbeiter im technischen Bereitschaftsdienst,
- Musiker,
- Ökonom,
- Pharmazeut,
- Polizeibeamter,

- Programmierer,
- Sanitäter,
- Schlosser,
- Security,
- Soldat,
- Sportler,
- Techniker,
- Tischler,
- Unternehmer.

Potenzielle starke und schwache Seiten

Ähnlich wie auch andere Persönlichkeitstypen haben *Praktiker* potenzielle starke und schwache Seiten. Dieses Potenzial kann auf verschiedenste Weise ausgeschöpft werden. Glück im Privatleben sowie Erfolg im Beruf hängen bei *Praktikern* davon ab, ob sie die Chancen, die mit ihrem Persönlichkeitstyp verknüpft sind, nutzen und ob sie den Gefahren auf ihrem Weg die Stirn bieten können. Im Folgenden eine ZUSAMMENFASSUNG dieser Chancen und Gefahren:

Potenzielle starke Seiten

Praktiker sind spontan, flexibel und tolerant. Sie sind gute Zuhörer und hervorragende Beobachter – sie erkennen Details, die für andere Menschen unsichtbar sind. Gesammelte Informationen speichern *Praktiker* in einer Art innerer Datenbank, weswegen sie diese später für konkrete Probleme verwenden können. Sie sind praktisch veranlagt und verfügen über angeborene manuelle und technische Fähigkeiten. *Praktiker* haben eine positive Lebenseinstellung. Sie sind imstande jeden Augenblick zu genießen. *Praktiker* sind selbstsicher, optimistisch und enthusiastisch. Sie mögen es, aktiv zu sein und vertragen gut jegliche Veränderungen. Sie scheuen keine Zeit oder Energie für ihre Vertrauten, wenn diese praktische Hilfe benötigen.

Ungeachtet der Gegebenheiten vermögen sie es, sich an ihre Überzeugungen zu halten und sind widerstandsfähig gegen Kritik und Druck seitens anderer Menschen. Sie selbst vermögen es auch, Kritik zu äußern und andere zu tadeln, sofern die Situation es verlangt. *Praktiker* sind imstande, Entscheidungen aufgrund von nicht vollständigen Daten zu treffen und unter Risiko zu handeln. Sie verstehen es hervorragend, in gefährlichen, kritischen und schnell wechselnden Situationen zu agieren. Wenn andere sich von Emotionen leiten lassen, behalten *Praktiker* einen kühlen Kopf und treffen objektive und rationale Entscheidungen. Sie haben keine Angst vor gewagten Schritten und riskanten Maßnahmen. *Praktiker* vermögen es zudem, toxische und destruktive Beziehungen zu beenden.

Potenzielle schwache Seiten

Eine der größten Schwächen von *Praktikern* ist ihr Unvermögen, ihre Gefühle zu äußern und ihre Unempfänglichkeit gegenüber den emotionalen Bedürfnissen anderer Menschen (weswegen sie andere unbewusst verletzen können). Eine andere Quelle ihrer Probleme ist ihre Wortkargheit sowie das Unvermögen, ihre Kommunikation an die jeweilige Situation anzupassen. Ihr Widerwille gegen jegliche Kontrolle und Überwachung hingegen kann zu einer Art Besessenheit in puncto Privatsphäre sowie zu Selbstisolation führen.

Praktiker haben ferner Probleme mit Aufgaben, die über eine längere Zeit bearbeitet werden müssen, sowie mit strategischer Planung. Es fällt ihnen auch schwer, eine breitere Perspektive einzunehmen, langfristige Konsequenzen ihrer Handlungen sowie Verbindungen zwischen einzelnen Fakten und Phänomen zu erkennen. Oftmals haben *Praktiker* auch Probleme damit, sich komplexe und abstrakte Theorien anzueignen. Es fällt ihnen auch schwer, sich über längere Zeit auf eine Aufgabe zu konzentrieren, da sie sich recht schnell langweilen und ablenken lassen. Viel einfacher ist es für sie, eine Aufgabe anzufangen als sie zu beenden.

Praktiker tendieren dazu, alles zu verwerfen, was mit ihrer Erfahrung nicht übereinstimmt. Ferner neigen sie dazu, die Gesellschaft von Menschen zu suchen, die ihre Interessen und Ansichten teilen, was zur Entwicklung einer eigenen, alternativen Weltanschauung führen kann. Trotz ihrer Offenheit für neue Erfahrungen und Experimente beschreiten sie selten neue Pfade, die abseits ihres Interessensspektrums liegen.

Persönliche Entwicklung

Die persönliche Entwicklung von *Praktiker* hängt davon ab, in welchem Grad sie ihr natürliches Potenzial nutzen und ob sie die Gefahren, die in Verbindung mit ihrem Typ stehen, zu bewältigen vermögen. Die folgenden praktischen Tipps stellen eine Art Dekalog des *Praktiker* dar.

Denken Sie vorrausschauend

Sie vermögen es, dringende und praktische Probleme zu lösen. Die wichtigsten Probleme jedoch bedürfen einer globalen Herangehensweise sowie langfristiger Handlungen. Um sie zu lösen, müssen Sie ihre Perspektive erweitern und deren Zeithorizont verlängern.

Schätzen Sie Theorie

Alles zu verwerfen, was nicht blitzschnell in der Praxis angewandt werden kann, bringt zahlreiche Einschränkungen mit sich. Es stimmt, dass nicht jede Theorie für die Lösung konkreter Probleme genutzt werden kann, aber diese Theorien können unseren Horizont erweitern und helfen uns, die Welt zu verstehen. Nicht selten sind sie auch eine Inspiration für praktische Maßnahmen in der Zukunft.

Erweitern Sie Ihre Welt

Versuchen Sie Dinge, die über Ihr jetziges Interessens- und Erfahrungsspektrum hinausreichen. Sprechen Sie mit Menschen, die andere Ansichten und Interessen haben als Sie. Nehmen Sie Aufgaben an, die Sie bislang nie gemacht haben. Dies wird Ihnen zahlreiche wertvolle Erfahrungen einbringen und bewirken, dass Sie die Welt aus einer breiteren Perspektive betrachten.

Führen Sie dasjenige zu Ende, was Sie begonnen haben

Sie beginnen mit Begeisterung neue Aufgaben, es fällt Ihnen aber schwer, sie auch abzuschließen.

Solch eine Herangehensweise erbringt für gewöhnlich schlechte Resultate. Versuchen Sie festzustellen, was für Sie das Wichtigste ist und wie Sie es erreichen können. Fangen Sie daraufhin an zu arbeiten und lassen Sie sich nicht davon ablenken!

Haben Sie keine Angst vor Ideen und Meinungen, die sich von Ihren unterscheiden

Wenn Ideen und Meinungen den Ihrigen widersprechen, heißt das nicht, dass sie von Grund auf falsch sind. Bevor Sie diese als wertlos ablehnen, versuchen Sie solche Ideen und Meinungen erst zu verstehen und machen Sie sich zu ihnen Gedanken.

Sprechen Sie mehr

Teilen Sie ihre Überlegungen und Ideen anderen mit. Sagen Sie anderen Menschen, wie Sie sich fühlen und was Sie erleben. Äußern Sie Ihre Emotionen. Sie werden so ihren Kollegen und Ihrer Familie helfen. Egal was Sie sagen sollten, es wird weitaus besser als Schweigen sein.

Behandeln Sie andere Menschen „menschlich"

Menschen möchten nicht einzig als Teile des Systems oder Rädchen im Getriebe angesehen werden. Sie möchten, dass ihre Emotionen, Gefühle und Leidenschaften erkannt werden. Versuchen Sie, sich in ihre Lage zu versetzen und zu verstehen, was sie durchleben, was ihre Leidenschaft ist, was sie beunruhigt, wovor sie Angst haben... Sie werden den Unterschied feststellen und überrascht davon sein!

Lehnen Sie allgemein geltende Regeln nicht ab

In Ihrem Leben richten Sie sich nach Ihrem „Kompass" und gehen davon aus, dass das Glück keine universellen Regeln braucht. Diese sind jedoch für die Gesellschaft notwendig! Denken Sie daran, was passieren würde, wenn alle Menschen die allgemeinen Regeln der Gesellschaft missachten und sich nur nach ihren eigenen Regeln verhalten würden.

Bitten Sie andere um Hilfe

Wenn Sie Schwierigkeiten haben, teilen sie dies vertrauten Menschen mit. Wenn Sie wiederum Hilfe brauchen, zögern Sie nicht, um Hilfe zu bitten!

Agieren Sie weniger impulsiv

Bevor Sie eine Entscheidung treffen oder sich für etwas engagieren, sollten Sie etwas Zeit aufwenden, um Informationen zu sammeln, die Situation zu analysieren und sie objektiv zu beurteilen. Dies wird wahrscheinlich die Anzahl Ihrer Handlungen einschränken, dafür werden diese aber effektiver!

Bekannte Personen

Eine Liste bekannter Personen, die dem Profil des *Praktikers* entsprechen:

- **Leonardo da Vinci**, eigtl. Leonardo di ser Piero da Vinci (1452-1519) – italienischer Maler der Renaissance, Architekt, Philosoph, Musiker, Dichter, Entdecker, Mathematiker, Mechaniker, Anatom, Geologe – wahrscheinlich der am vielfältigsten talentierte Mensch in der Geschichte;
- **Michelangelo**, eigtl. Michelangelo di Lodovico Buonarroti Simoni (1475-1564) – italienischer Maler, Bildhauer, Dichter und Architekt, einer der herausragendsten Künstler der Renaissance;
- **Charles Bronson**, eigtl. Charles Dennis Buchinsky (1921-2003) – US-amerikanischer Filmschauspieler tatarischer Herkunft (u. a. *Das dreckige Dutzend*);
- **Alan Bartlett Shepard** (1923-1998) – erster US-amerikanischer Astronaut;
- **Clint Eastwood** (geb. 1930) – US-amerikanischer Schauspieler (u. a. *Die Brücken am Fluß*), Regisseur, Filmproduzent und Komponist, Träger zahlreicher prestigeträchtiger Auszeichnungen;
- **Woody Allen**, eigtl. Allan Stewart Konigsberg (geb. 1935) – US-amerikanischer Drehbuchautor, Regisseur, Schauspieler (u. a. *Plötzlich Gigolo*), Musiker, Produzent und Komponist, Träger zahlreicher prestigeträchtiger Auszeichnungen;
- **Bruce Lee**, eigtl. Lee Jun-fan (1940-1973) – US-amerikanischer Schauspieler chinesischer Abstammung (u. a. *Der Mann mit der Todeskralle*), Meister im Kampfsport;

- **Frank Zappa** (1940-1993) – US-amerika-nischer Rock- und Jazzmusiker, Leader der Band The Mothers of Invention;
- **Michael Douglas**, (geb. 1944) – US-amerikanischer Schauspieler (u. a. *Wall Street*), Regisseur und Filmproduzent;
- **John Malkovich (**geb. 1953) – US-ameri-kanischer Schauspieler (u. a. *In the Line of Fire – die zweite Chance*), Regisseur und Filmproduzent kroatischer Abstammung;
- **Rowan Atkinson** (geb. 1955) – britischer Filmproduzent und Komiker (u. a. *Mr. Bean*);
- **Meg Ryan**, eigtl. Margaret Mary Emily Hyra (geb. 1961) – US-amerikanische Schauspielerin, berühmt für ihre Rollen in romantischen Komödien (u. a. *e-m@il für Dich*);
- **Tom Cruise** (geb. 1962) – US-amerikani-scher Schauspieler (u. a. *Mission: Impossible*) und Filmproduzent.

Die 16 Persönlichkeitstypen im Überblick

Der Animateur (ESTP)

Lebensmotto: *Lasst uns etwas unternehmen!*

Energisch, aktiv und unternehmerisch. Sie mögen die Gesellschaft anderer Menschen und sind imstande, den Augenblick zu genießen. Spontan, flexibel und offen für Veränderungen.

Enthusiastische Anreger und Initiatoren, die andere zum Handeln motivieren. Logisch, rational und überaus pragmatisch. *Animateure* sind Realisten, die abstrakte Ideen und die Zukunft betreffende Erwägungen ermüdend finden. Sie konzentrieren sich viel mehr auf konkrete Lösungen von aktuellen Problemen. Sie haben manchmal Schwierigkeiten bei der Organisation und Planung, denn sie neigen zu impulsiven Handlungen, weswegen es passieren kann, dass sie erst handeln und dann nachdenken.

Natürliche Veranlagungen des *Animateurs*

- Die Quelle seiner Lebensenergie: seine äußere Welt.
- Informationsaufnahme: Sinne.
- Art und Weise wie Entscheidungen getroffen werden: Verstand.
- Lebensstil: spontan.

Ähnliche Persönlichkeitstypen

- *Verwalter*
- *Praktiker*
- *Inspektor*

Statistische Angaben

- *Animateure* stellen ca. 6-10 % der Gesellschaft dar.
- Unter *Animateuren* überwiegen Männer (60 %).
- Das Land, welches dem Profil des *Animateurs* entspricht, ist Australien.[2]

---

[2] Dies bedeutet nicht, dass alle Einwohner von Australien zu dieser Gruppe gehören, wenngleich die australische Gesellschaft – als Ganzes – viele charakteristische Eigenschaften des *Animateurs* verkörpert.

Buchstaben-Code

Der universelle Code des *Animateurs* ist in den Jungschen Persönlichkeitstypologien ESTP.

Mehr:

Jarosław Jankowski
Ihr Persönlichkeitstyp: Animateur (ESTP)

Der Anwalt (ESFJ)

Lebensmotto: *Wie kann ich dir helfen?*

Enthusiastisch, energisch und gut organisiert. Praktisch, verantwortungsbewusst und gewissenhaft. Darüber hinaus herzlich und überaus gesellig.

Anwälte erkennen menschliche Stimmungen, Emotionen und Bedürfnisse. Sie schätzen Harmonie und vertragen schlecht Kritik oder Konflikte. Sie sind sehr sensibel in Bezug auf Ungerechtigkeiten sowie das Leid anderer Menschen. Sie interessieren sich aufrichtig für die Probleme anderer und sind glücklich, wenn sie ihnen helfen können. Indem sie sich um die Bedürfnisse anderer kümmern, vernachlässigen sie oftmals ihre eigenen. *Anwälte* neigen dazu, anderen auszuhelfen. Sie sind anfällig für Manipulationen.

Natürliche Veranlagungen des *Anwalts*

- Die Quelle seiner Lebensenergie: seine äußere Welt.
- Informationsaufnahme: Sinne.

- Art und Weise wie Entscheidungen getroffen werden: Herz.
- Lebensstil: organisiert.

Ähnliche Persönlichkeitstypen

- *Moderator*
- *Betreuer*
- *Künstler*

Statistische Angaben

- *Anwälte* stellen ca. 10-13 % der Gesellschaft dar.
- Unter *Anwälten* überwiegen Frauen (70 %).
- Das Land, welches dem Profil des *Anwalts* entspricht, ist Kanada.

Buchstaben-Code

Der universelle Code des *Anwalts* ist in den Jungschen Persönlichkeitstypologien ESFJ.

Mehr:

Jarosław Jankowski
Ihr Persönlichkeitstyp: Anwalt (ESFJ)

Der Berater (ENFJ)

Lebensmotto: *Meine Freunde sind meine Welt.*

Optimistisch, enthusiastisch und scharfsinnig. Höflich und taktvoll. Sie verfügen über ein unglaubliches Empathievermögen, wodurch es sie glücklich stimmt, durch selbstloses Handeln anderen Menschen Gutes zu tun. *Berater* vermögen es, Einfluss auf das Leben anderer zu nehmen – sie inspirieren, entdecken in ihnen verstecktes Potenzial und verleihen ihnen Glauben an das eigene Können. *Berater* strahlen Wärme aus, weswegen sie andere Menschen anziehen. Sie helfen ihnen oftmals, persönliche Probleme zu lösen.

Doch *Berater* neigen dazu, gutgläubig zu sein und die Welt durch eine rosarote Brille zu betrachten. Da sie ständig auf andere Menschen fixiert sind, vergessen sie oftmals ihre eigenen Bedürfnisse.

Natürliche Veranlagungen des *Beraters*

- Die Quelle seiner Lebensenergie: seine äußere Welt.
- Informationsaufnahme: Intuition.
- Art und Weise wie Entscheidungen getroffen werden: Herz.
- Lebensstil: organisiert.

Ähnliche Persönlichkeitstypen

- *Enthusiast*
- *Mentor*
- *Idealist*

Statistische Angaben

- *Berater* stellen ca. 3-5 % der Gesellschaft dar.
- Unter *Beratern* überwiegen Frauen (80 %).

- Das Land, welches dem Profil des *Beraters* entspricht, ist Frankreich.

Buchstaben-Code

Der universelle Code des *Beraters* ist in den Jungschen Persönlichkeitstypologien ENFJ.

Mehr:

Jarosław Jankowski
Ihr Persönlichkeitstyp: Berater (ENFJ)

Der Betreuer (ISFJ)

Lebensmotto: *Mir liegt viel an deinem Glück.*

Herzlich, bescheiden, vertrauenswürdig und überaus loyal. An erster Stelle stehen für *Betreuer* andere Menschen. Sie erkennen ihre Bedürfnisse und möchten ihnen helfen. Sie sind praktisch, gut organisiert und verantwortungsbewusst. Ferner zeichnen sie sich durch Geduld, Fleiß und Ausdauer aus. Sie führen ihre Pläne zu Ende.

Betreuer bemerken und prägen sich Details ein. Sie schätzen Ruhe, Stabilität und freundschaftliche Beziehungen zu anderen Menschen. Darüber hinaus vermögen sie es, Brücken zwischen Menschen zu bauen. Sie vertragen nur schlecht Kritik und Konflikte. *Betreuer* verfügen über ein starkes Pflichtbewusstsein und sind stets bereit anderen zu helfen. Manchmal werden sie von anderen ausgenutzt.

Natürliche Veranlagungen des *Betreuers*

- Die Quelle seiner Lebensenergie: sein Inneres.
- Informationsaufnahme: Sinne.
- Art und Weise wie Entscheidungen getroffen werden: Herz.
- Lebensstil: organisiert.

Ähnliche Persönlichkeitstypen

- *Künstler*
- *Anwalt*
- *Moderator*

Statistische Angaben

- *Betreuer* stellen ca. 8-12 % der Gesellschaft dar.
- Unter *Betreuern* überwiegen Frauen (70 %).
- Das Land, welches dem Profil des *Betreuers* entspricht, ist Schweden.

Buchstaben-Code

Der universelle Code des *Betreuers* ist in den Jungschen Persönlichkeitstypologien ISFJ.

Mehr:

Jarosław Jankowski
Ihr Persönlichkeitstyp: Betreuer (ISFJ)

Der Direktor (ENTJ)

Lebensmotto: *Ich sage euch, was zu tun ist!*

Unabhängig, aktiv und entschieden. Rational, logisch und kreativ. *Direktoren* betrachten analysierte Probleme in einem breiteren Kontext und sind imstande, die Konsequenzen von menschlichem Verhalten vorherzusehen. Sie zeichnen sich durch Optimismus und eine gesunde Selbstsicherheit aus. Sie können theoretische Konzepte in konkrete, praktische Pläne umwandeln.

Visionäre, Mentoren und Organisatoren. *Direktoren* verfügen über natürliche Führungsqualitäten. Ihre starke Persönlichkeit, ihr kritisches Urteilsvermögen sowie ihre Direktheit verunsichern andere Menschen häufig und führen zu Problemen bei zwischenmenschlichen Beziehungen.

Natürliche Veranlagungen des *Direktors*

- Die Quelle seiner Lebensenergie: seine äußere Welt.
- Informationsaufnahme: Intuition.
- Art und Weise wie Entscheidungen getroffen werden: Verstand.
- Lebensstil: organisiert.

Ähnliche Persönlichkeitstypen

- *Reformer*
- *Stratege*
- *Logiker*

Statistische Angaben

- *Direktoren* stellen ca. 2-5 % der Gesellschaft dar.
- Unter *Direktoren* überwiegen Männer (70 %).
- Das Land, welches dem Profil des *Direktors* entspricht, sind die Niederlande.

Buchstaben-Code

Der universelle Code des *Direktors* ist in den Jungschen Persönlichkeitstypologien ENTJ.

Mehr:

Jarosław Jankowski
Ihr Persönlichkeitstyp: Direktor (ENTJ)

Der Enthusiast (ENFP)

Lebensmotto: *Wir schaffen das!*

Energisch, enthusiastisch und optimistisch. Sie sind lebensfreudig und sind mit den Gedanken in der Zukunft. Dynamisch, scharfsinnig und kreativ. *Enthusiasten* mögen Menschen und schätzen ehrliche und authentische Beziehungen. Sie sind herzlich und emotional. *Enthusiasten* können aber schlecht mit Kritik umgehen. Sie verfügen über Empathie und erkennen die Bedürfnisse, Emotionen und Motive anderer Menschen. Sie inspirieren und stecken andere mit ihrem Enthusiasmus an.

Enthusiasten mögen es, im Zentrum der Aufmerksamkeit zu sein. Sie sind flexibel und vermögen es, zu improvisieren. Sie neigen zu idealistischen Ideen. *Enthusiasten* lassen sich einfach ablenken und haben Probleme damit, viele Angelegenheiten zu Ende zu bringen.

Natürliche Veranlagungen des *Enthusiasten*

- Die Quelle seiner Lebensenergie: seine äußere Welt.
- Informationsaufnahme: Intuition.
- Art und Weise wie Entscheidungen getroffen werden: Herz.
- Lebensstil: spontan.

Ähnliche Persönlichkeitstypen

- *Berater*
- *Idealist*
- *Mentor*

Statistische Angaben

- *Enthusiasten* stellen ca. 5-8 % der Gesellschaft dar.
- Unter *Enthusiasten* überwiegen Frauen (60 %).
- Das Land, welches dem Profil des *Enthusiasten* entspricht, ist Italien.

Buchstaben-Code

Der universelle Code des *Enthusiasten* ist in den Jungschen Persönlichkeitstypologien ENFP.

Mehr:

Jarosław Jankowski
Ihr Persönlichkeitstyp: Enthusiast (ENFP)

Der Idealist (INFP)

Lebensmotto: *Man kann anders leben.*

Sensibel, loyal und kreativ. Sie möchten im Einklang mit ihren Werten leben. *Idealisten* interessieren sich für die spirituelle Wirklichkeit und gehen den Geheimnissen des Lebens nach. Sie nehmen sich die Probleme der Welt zu Herzen und stehen Bedürfnissen anderer Menschen offen gegenüber. *Idealisten* schätzen Harmonie und Ausgeglichenheit.

Sie sind romantisch und dazu fähig, ihre Liebe zu anderen zu äußern, wobei sie selbst auch Wärme und Zärtlichkeit brauchen. Sie vermögen es, Motive und Gefühle anderer Menschen hervorragend zu erkennen. *Idealisten* bauen gesunde, tiefgründige und dauerhafte Beziehungen auf. In Konfliktsituationen verlieren sie den Boden unter den Füßen. Sie können Kritik und Stress nicht vertragen.

Natürliche Veranlagungen des *Idealisten*

- Die Quelle seiner Lebensenergie: seine innere Welt.
- Informationsaufnahme: Intuition.
- Art und Weise wie Entscheidungen getroffen werden: Herz.
- Lebensstil: spontan.

Ähnliche Persönlichkeitstypen

- *Mentor*
- *Enthusiast*
- *Berater*

Statistische Angaben

- *Idealisten* stellen ca. 1-4 % der Gesellschaft dar.
- Unter *Idealisten* überwiegen Frauen (60 %).
- Das Land, welches dem Profil des *Idealisten* entspricht, ist Thailand.

Buchstaben-Code

Der universelle Code des *Idealisten* ist in den Jungschen Persönlichkeitstypologien INFP.

Mehr:

Jarosław Jankowski
Ihr Persönlichkeitstyp: Idealist (INFP)

Der Inspektor (ISTJ)

Lebensmotto: *Die Pflicht geht vor.*

Menschen, auf die man sich immer verlassen kann. Wohlerzogen, pünktlich, zuverlässig, gewissenhaft, verantwortungsbewusst – die Zuverlässigkeit in Person. Analytisch, methodisch, systematisch und logisch. *Inspektoren* werden als beherrschte, kühle und ernsthafte Menschen angesehen. Sie schätzen Ruhe, Stabilität und Ordnung. *Inspektoren* mögen keine Veränderungen, dafür aber klare und konkrete Regeln.

Sie sind arbeitsam und ausdauernd, weswegen sie Angelegenheiten zu Ende bringen können. Es sind Perfektionisten, die über alles die Kontrolle haben möchten. Sie äußern sparsam Lob und sind nicht imstande, der Wichtigkeit der Gefühle und Emotionen anderer Menschen die gebürtige Beachtung zu schenken.

Natürliche Veranlagungen des *Inspektors*

- Die Quelle seiner Lebensenergie: seine innere Welt.
- Informationsaufnahme: Sinne.
- Art und Weise wie Entscheidungen getroffen werden: Verstand.
- Lebensstil: organisiert.

Ähnliche Persönlichkeitstypen

- *Praktiker*
- *Verwalter*
- *Animateur*

Statistische Angaben

- *Inspektoren* stellen ca. 6-10 % der Gesellschaft dar.
- Unter *Inspektoren* überwiegen Männer (60 %).
- Das Land, welches dem Profil des *Inspektors* entspricht, ist die Schweiz.

Buchstaben-Code

Der universelle Code des *Inspektors* ist in den Jungschen Persönlichkeitstypologien ISTJ.

Mehr:

Jarosław Jankowski
Ihr Persönlichkeitstyp: Inspektor (ISTJ)

Der Künstler (ISFP)

Lebensmotto: *Lasst uns etwas erschaffen!*

Sensibel, kreativ und originell. Sie haben ein Gefühl für Ästhetik und angeborene künstlerische Fähigkeiten. Unabhängig – *Künstler* agieren nach ihrem eigenen Wertesystem und ordnen sich keinerlei Druck von außen unter. Sie sind optimistisch und verfügen über eine positive Lebenseinstellung, weswegen sie jeden Augenblick genießen können.

Sie sind glücklich, wenn sie anderen helfen können. Abstrakte Theorien langweilen sie, denn *Künstler* ziehen es vor, die Realität zu erschaffen und nicht über sie zu sprechen. Es fällt ihnen jedoch weitaus leichter, neue Pläne zu realisieren, als bereits begonnene abzuschließen. Sie haben Schwierigkeiten, ihre eigenen Bedürfnisse und Wünsche zu äußern.

Natürliche Veranlagungen des *Künstlers*

- Die Quelle seiner Lebensenergie: seine innere Welt.
- Informationsaufnahme: Sinne.
- Art und Weise wie Entscheidungen getroffen werden: Herz.
- Lebensstil: spontan.

Ähnliche Persönlichkeitstypen

- *Betreuer*
- *Moderator*
- *Anwalt*

Statistische Angaben

- *Künstler* stellen ca. 6-9 % der Gesellschaft dar.
- Unter *Künstlern* überwiegen Frauen (60 %).
- Das Land, welches dem Profil des *Künstlers* entspricht, ist China.

Buchstaben-Code

Der universelle Code des *Künstlers* ist in den Jungschen Persönlichkeitstypologien ISFP.

Mehr:

Jarosław Jankowski
Ihr Persönlichkeitstyp: Künstler (ISFP)

Der Logiker (INTP)

Lebensmotto: *Man muss vor allem die Wahrheit über die Welt kennenlernen.*

Originell, einfallsreich und kreativ. *Logiker* mögen es, theoretische Probleme zu lösen. Sie sind analytisch, scharfsinnig und begegnen neuen Ideen mit Begeisterung. *Logiker* vermögen es, einzelne Phänomene zu verbinden und mithilfe von ihnen allgemeine Regeln und Theorien aufzustellen. Sie agieren logisch, präzise und tiefgründig. Unklare

Zusammenhänge und Inkonsequenzen werden von ihnen schnell erkannt.

Sie sind unabhängig und skeptisch gegenüber bereits vorliegenden Lösungen sowie Autoritäten. Zugleich sind sie tolerant und offen für neue Herausforderungen. Versunken in Gedanken verlieren sie ab und an den Kontakt zur Außenwelt.

Natürliche Veranlagungen des *Logikers*

- Die Quelle seiner Lebensenergie: seine innere Welt.
- Informationsaufnahme: Intuition.
- Art und Weise wie Entscheidungen getroffen werden: Verstand.
- Lebensstil: spontan.

Ähnliche Persönlichkeitstypen

- *Stratege*
- *Reformer*
- *Direktor*

Statistische Angaben

- *Logiker* stellen ca. 2-3 % der Gesellschaft dar.
- Unter *Logikern* überwiegen Männer (80 %).
- Das Land, welches dem Profil des *Logikers* entspricht, ist Indien.

Buchstaben-Code

Der universelle Code des *Logikers* ist in den Jungschen Persönlichkeitstypologien INTP.

Mehr:

Jarosław Jankowski
Ihr Persönlichkeitstyp: Logiker (INTP)

Der Mentor (INFJ)

Lebensmotto: *Die Welt könnte besser sein!*

Kreativ, sensibel, auf die Zukunft fixiert. *Mentoren* sehen Möglichkeiten, die andere Menschen nicht erkennen. Es sind Idealisten und Visionäre, die sich darauf konzentrieren, Menschen zu helfen. Pflichtbewusst und verantwortungsbewusst, zugleich auch höflich, fürsorglich und freundschaftlich. Sie versuchen, die Mechanismen der Weltordnung zu verstehen und betrachten Probleme aus einer breiten Perspektive.

Hervorragende Zuhörer und Beobachter. Sie zeichnen sich aus durch Empathie, Intuition und Vertrauen in Menschen. *Mentoren* sind imstande, Gefühle und Emotionen zu lesen, können wiederum aber nur schlecht Kritik annehmen und sich in Konfliktsituationen zurechtfinden. Andere können sie gelegentlich als enigmatisch empfinden.

Natürliche Veranlagungen des *Mentors*

- Die Quelle seiner Lebensenergie: seine innere Welt.
- Informationsaufnahme: Intuition.
- Art und Weise wie Entscheidungen getroffen werden: Herz.
- Lebensstil: organisiert.

Ähnliche Persönlichkeitstypen

- *Idealist*
- *Berater*
- *Enthusiast*

Statistische Angaben

- *Mentoren* stellen ca. 1 % der Gesellschaft dar und sind damit der seltenste Persönlichkeitstyp.
- Unter *Mentoren* überwiegen Frauen (80 %).
- Das Land, welches dem Profil des *Logikers* entspricht, ist Norwegen.

Buchstaben-Code

Der universelle Code des *Mentors* ist in den Jungschen Persönlichkeitstypologien INFJ.

Mehr:

Jarosław Jankowski
Ihr Persönlichkeitstyp: Mentor (INFJ)

Der Moderator (ESFP)

Lebensmotto: *Heute ist der richtige Zeitpunkt!*

Optimistisch, energisch und offen gegenüber Menschen. *Moderatoren* sind lebenslustig und haben gerne Spaß. Sie sind praktisch, zugleich aber auch flexibel und spontan. Sie mögen Veränderungen und neue Erfahrungen. Einsamkeit, Stagnation und Routine hingegen vertragen sie eher schlecht. *Moderatoren* mögen es, im Zentrum der Aufmerksamkeit zu stehen.

Sie verfügen über ein natürliches Schauspieltalent und über die Gabe, interessant und packend zu berichten. Indem sie sich auf das Hier und Jetzt konzentrieren verlieren sie manchmal langfristige Ziele aus den Augen. Sie neigen dazu, Konsequenzen ihres Handelns nicht richtig einschätzen zu können.

Natürliche Veranlagungen des *Moderators*

- Die Quelle seiner Lebensenergie: seine äußere Welt.
- Informationsaufnahme: Sinne.
- Art und Weise wie Entscheidungen getroffen werden: Herz.
- Lebensstil: spontan.

Ähnliche Persönlichkeitstypen

- *Anwalt*
- *Künstler*
- *Betreuer*

Statistische Angaben

- *Moderatoren* stellen ca. 8-13 % der Gesellschaft dar.
- Unter *Moderatoren* überwiegen Frauen (60 %).
- Das Land, welches dem Profil des *Moderators* entspricht, ist Brasilien.

Buchstaben-Code

Der universelle Code des *Moderators* ist in den Jungschen Persönlichkeitstypologien ESFP.

Mehr:

Jarosław Jankowski
Ihr Persönlichkeitstyp: Moderator (ESFP)

Der Praktiker (ISTP)

Lebensmotto: *Taten sind wichtiger als Worte.*

Optimistisch, spontan und mit einer positiven Lebenseinstellung. Beherrschte und unabhängige Menschen, die ihren eigenen Überzeugungen treu sind und äußeren Normen und Regeln skeptisch gegenüberstehen. *Praktiker* sind nicht an Theorien oder Überlegungen bzgl. der Zukunft interessiert. Sie ziehen es vor, konkrete und handfeste Probleme zu lösen.

Sie passen sich gut an neue Orte und Situationen an und mögen Herausforderungen und das Risiko. Ferner vermögen sie es, bei Gefahr einen kühlen Kopf zu behalten. Ihre Wortkargheit und extreme Zurückhaltung bei der Äußerung von Meinungen bewirken, dass sie für andere Menschen manchmal unverständlich erscheinen.

Natürliche Veranlagungen des *Praktikers*

- Die Quelle seiner Lebensenergie: seine innere Welt.
- Informationsaufnahme: Sinne.

- Art und Weise wie Entscheidungen getroffen werden: Verstand.
- Lebensstil: spontan.

Ähnliche Persönlichkeitstypen

- *Inspektor*
- *Animateur*
- *Verwalter*

Statistische Angaben

- *Praktiker* stellen ca. 6-9 % der Gesellschaft dar.
- Unter *Praktiker* überwiegen Männer (60 %).
- Das Land, welches dem Profil des *Praktikers* entspricht, ist Singapur.

Buchstaben-Code

Der universelle Code des *Praktikers* ist in den Jungschen Persönlichkeitstypologien ISTP.

Mehr:

Jarosław Jankowski
Ihr Persönlichkeitstyp: Praktiker (ISTP)

Der Reformer (ENTP)

Lebensmotto: *Und wenn man versuchen würde, es anders zu machen?*

Ideenreich, originell und unabhängig. *Reformer* sind Optimisten. Sie sind energisch und unternehmerisch. Wahrhaftige Tatmenschen, die gerne im

Zentrum des Geschehens sind und „unlösbare Probleme" lösen. Sie sind an der Welt interessiert, risikofreudig und ungeduldig. Visionäre, die offen für neue Ideen sind. Sie mögen neue Erfahrungen und Experimente. Ferner erkennen sie die Verbindungen zwischen einzelnen Ereignissen und sind mit ihren Gedanken in der Zukunft.

Spontan, kommunikativ und selbstsicher. *Reformer* neigen dazu, ihre eigenen Fähigkeiten zu überschätzen. Darüber hinaus haben sie Probleme damit, etwas zu Ende zu bringen.

Natürliche Veranlagungen des *Reformers*

- Die Quelle seiner Lebensenergie: seine äußere Welt.
- Informationsaufnahme: Intuition.
- Art und Weise wie Entscheidungen getroffen werden: Verstand.
- Lebensstil: spontan.

Ähnliche Persönlichkeitstypen

- *Direktor*
- *Logiker*
- *Stratege*

Statistische Angaben

- *Reformer* stellen ca. 3-5 % der Gesellschaft dar.
- Unter *Reformern* überwiegen Männer (70 %).
- Das Land, welches dem Profil des *Reformers* entspricht, ist Israel.

Buchstaben-Code

Der universelle Code des *Reformers* ist in den Jungschen Persönlichkeitstypologien ENTP.

Mehr:

Jarosław Jankowski
Ihr Persönlichkeitstyp: Reformer (ENTP)

Der Stratege (INTJ)

Lebensmotto: *Das lässt sich perfektionieren!*

Unabhängige, herausragende Individualisten, die über unglaublich viel Energie verfügen. Sie sind kreativ und einfallsreich. Von anderen werden sie als kompetente und selbstsichere Menschen angesehen, wenngleich sie distanziert und enigmatisch wirken. *Strategen* betrachten alle Angelegenheiten aus einer breiten Perspektive. Sie möchten ihre Umwelt perfektionieren und ordnen.

Strategen sind gut organisiert, verantwortungsbewusst, kritisch und anspruchsvoll. Es ist schwer, sie aus dem Gleichgewicht zu bringen. Zugleich ist es aber auch nicht einfach, sie völlig zufrieden zu stellen. Ihre Natur erschwert es ihnen, die Gefühle und Emotionen anderer Menschen zu erkennen.

Natürliche Veranlagungen des *Strategen*

- Die Quelle seiner Lebensenergie: seine innere Welt.
- Informationsaufnahme: Intuition.

- Art und Weise wie Entscheidungen getroffen werden: Verstand.
- Lebensstil: organisiert.

Ähnliche Persönlichkeitstypen

- *Logiker*
- *Direktor*
- *Reformer*

Statistische Angaben

- *Strategen* stellen ca. 1-2 % der Gesellschaft dar.
- Unter *Strategen* überwiegen Männer (80 %).
- Das Land, welches dem Profil des *Strategen* entspricht, ist Finnland.

Buchstaben-Code

Der universelle Code des *Strategen* ist in den Jungschen Persönlichkeitstypologien INTJ.

Mehr:

Jarosław Jankowski
Ihr Persönlichkeitstyp: Stratege (INTJ)

Der Verwalter (ESTJ)

Lebensmotto: *Erledigen wir diese Aufgabe!*

Fleißig, verantwortungsbewusst und überaus loyal. Energisch und entschieden. Sie schätzen Ordnung, Stabilität, Sicherheit und klare Regeln. *Verwalter* sind sachlich und konkret. Sie sind logisch, rational und praktisch. Sie vermögen es, sich eine große Menge detaillierter Informationen anzueignen.

Hervorragende Organisatoren, die Ineffizienz, Verschwendung und Faulheit nicht dulden. Sie sind ihren Überzeugungen treu und aufgeschlossen gegenüber anderen Menschen. Sie legen ihre Meinung entschieden dar und üben offen Kritik aus, weswegen sie manchmal ungewollt andere Menschen verletzen.

Natürliche Veranlagungen des *Verwalters*

- Die Quelle seiner Lebensenergie: seine äußere Welt.
- Informationsaufnahme: Sinne.
- Art und Weise wie Entscheidungen getroffen werden: Verstand.
- Lebensstil: organisiert.

Ähnliche Persönlichkeitstypen

- *Animateur*
- *Inspektor*
- *Praktiker*

Statistische Angaben

- *Verwalter* stellen ca. 10-13 % der Gesellschaft dar.
- Unter *Verwaltern* überwiegen Männer (60 %).
- Das Land, welches dem Profil des *Verwalters* entspricht, sind die USA.

Buchstaben-Code

Der universelle Code des *Verwalters* ist in den Jungschen Persönlichkeitstypologien ESTJ.

Mehr:

Jarosław Jankowski
Ihr Persönlichkeitstyp: Verwalter (ESTJ)

Anhang

Die vier natürlichen Veranlagungen

1. Dominierende Quelle der Lebensenergie

   o ÄUSSERE WELT
      Menschen, die ihre Energie aus der
      Umwelt schöpfen, die Aktivitäten und
      Kontakt mit anderen Menschen benö-
      tigen. Sie vertragen längere Einsam-
      keit nur schlecht.

   o INNERE WELT
      Menschen, die ihre Energie aus ihrem
      Innern schöpfen, die Ruhe und Ein-
      samkeit brauchen. Sie fühlen sich er-
      schöpft, wenn sie längere Zeit mit an-
      deren Menschen verbringen.

2. Dominierende Art, Informationen aufzunehmen

o SINNE
Menschen, die auf ihre fünf Sinne
vertrauen. Sie glauben an Fakten und
Beweise und mögen erprobte Metho-
den sowie praktische und konkrete
Aufgaben. Sie sind Realisten, die sich
auf ihre Erfahrung stützen.

o INTUITION
Menschen, die auf ihren sechsten Sinn
vertrauen. Sie lassen sich durch Vor-
ahnungen leiten und mögen innova-
tive Lösungen sowie Probleme theo-
retischer Natur. Sie zeichnen sich
durch eine kreative Herangehensweise
sowie die Fähigkeit aus, Dinge vorherzusehen.

3. Dominierende Art, Entscheidungen zu treffen

o VERSTAND
Menschen, die sich nach ihrer Logik
und objektiven Regeln richten. Sie
sind kritisch und direkt, wenn sie ihre
Meinung äußern.

o HERZ
Menschen, die sich nach ihren Empfindungen und Werten richten. Sie

streben nach Harmonie und Einverständnis mit anderen.

4. Dominierender Lebensstil

- o ORGANISIERT
  Menschen, die pflichtbewusst und organisiert sind. Sie schätzen Ordnung und mögen es, nach Plan zu handeln.

- o SPONTAN
  Flexible Menschen, die ihre Freiheit schätzen. Sie erfreuen sich des Augenblicks und finden sich gut in neuen Situationen zurecht.

Geschätzter Anteil der einzelnen Persönlichkeitstypen an der Bevölkerung (in %)

Persönlichkeitstyp	Anteil
Animateur (ESTP):	6 – 10 %
Anwalt (ESFJ):	10 – 13 %
Berater (ENFJ):	3 – 5 %
Betreuer (ISFJ):	8 – 12 %
Direktor (ENTJ):	2 – 5 %
Enthusiast (ENFP):	5 – 8 %
Idealist (INFP):	1 – 4 %
Inspektor (ISTJ):	6 – 10 %
Künstler (ISFP):	6 – 9 %
Logiker (INTP):	2 – 3 %
Mentor (INFJ):	ca. 1 %

Moderator (ESFP):	8 – 13 %
Praktiker (ISTP):	6 – 9 %
Reformer (ENTP):	3 – 5 %
Stratege (INTJ):	1 – 2 %
Verwalter (ESTJ):	10 – 13 %

Geschätztes prozentuales Verhältnis von Frauen und Männern je nach Persönlichkeitstyp

Persönlichkeitstyp	Frauen/Männer
Animateur (ESTP):	40 % / 60 %
Anwalt (ESFJ):	70 % / 30 %
Berater (ENFJ):	80 % / 20 %
Betreuer (ISFJ):	70 % / 30 %
Direktor (ENTJ):	30 % / 70 %
Enthusiast (ENFP):	60 % / 40 %
Idealist (INFP):	60 % / 40 %
Inspektor (ISTJ):	40 % / 60 %
Künstler (ISFP):	60 % / 40 %
Logiker (INTP):	20 % / 80 %
Mentor (INFJ):	80 % / 20 %
Moderator (ESFP):	60 % / 40 %
Praktiker (ISTP):	40 % / 60 %
Reformer (ENTP):	30 % / 70 %
Stratege (INTJ):	20 % / 80 %
Verwalter (ESTJ):	40 % / 60 %

Literaturverzeichnis

- Arraj, J. (1990): *Tracking the Elusive Human, Volume 2: An Advanced Guide to the Typological Worlds of C. G. Jung, W.H. Sheldon, Their Integration, and the Biochemical Typology of the Future.* Midland, OR: Inner Growth Books.

- Arraj, J. / Arraj, T. (1988): *Tracking the Elusive Human, Volume 1: A Practical Guide to C.G. Jung's Psychological Types, W.H. Sheldon's Body and Temperament Types and Their Integration.* Chiloquin, OR: Inner Growth Books.

- Berens, L. V. / Cooper, S. A. / Ernst, L. K. / Martin, C. R. / Myers, S. / Nardi, D. / Pearman, R. R./Segal, M./Smith, M. A. (2002): *Quick Guide to the 16 Personality Types in Organizations: Understanding Personality Differences in the Workplace.* Fountain Valley, CA: Telos Publications.

- Geier, J. G./Downey, D. E. (1989): *Energetics of Personality:* Success Through Quality

Action. Minneapolis, MN: Aristos Publishing House.

- Hunsaker, P. L. / Alessandra, T. (1986): *The Art of Managing People*. New York, NY: Simon and Schuster.

- Jung, C. G. (1995): *Psychologische Typen*. Ostfildern: Patmos Verlag.

- Kise, J. A. G. / Krebs Hirsh, S. / Stark, D. (2005): *LifeKeys: Discover Who You Are*. Bloomington, MN: Bethany House.

- Kroeger, O. / Thuesen, J. M. (1988): *Type Talk or How to Determine Your Personality Type and Change Your Life*. New York, NY: Delacorte Press.

- Lawrence, G. D. (1997): *Looking at Type and Learning Styles*. Gainesville, FL: Center for Applications of Psychological Type.

- Lawrence, G. D. (1993): *People Types and Tiger Stripes*. Gainesville, FL: Center for Applications of Psychological Type.

- Maddi, S. R. (2001): *Personality Theories: A Comparative Analysis*. Long Grove, IL: Waveland Press.

- Martin, C. R. (2001): *Looking at Type: The Fundamentals Using Psychological Type To Understand and Appreciate Ourselves and Others*. Gainesville, FL: Center for Applications of Psychological Type.

- Meier, C. A. (1986): *Persönlichkeit: Der Individuationsprozess im Lichte der Typologie C. G. Jungs*. Einsiedeln: Daimon.

- Pearman, R. R. / Albritton, S. C. (2010): *I'm Not Crazy, I'm Just Not You: The Real Meaning of the Sixteen Personality Types.* Boston, MA: Nicholas Brealey Publishing.

- Segal,M. (2001): *Creativity and Personality Type: Tools for Understanding and Inspiring the Many Voices of Creativity.* Fountain Valley, CA: Telos Publications.

- Sharp, D. (1987): *Personality Type: Jung's Model of Typology.* Toronto: Inner City Books.

- Spoto, A. (1995): *Jung's Typology in Perspective.* Asheville, NC: Chiron Publications.

- Tannen, D. (1990): *You Just Don't Understand:* Women and Men in Conversation. New York, NY: William Morrow and Company.

- Thomas, J. C. / Segal, D. L. (2005): *Comprehensive Handbook of Personality and Psychopathology, Personality and Everyday Functioning.* Hoboken, NJ: Wiley.

- Thomson, L. (1998): *Personality Type: An Owner's Manual.* Boston, MA: Shambhala.

- Tieger, P. D./Barron-Tieger, B. (2000): *Just Your Type: Create the Relationship You've Always Wanted Using the Secrets of Personality Type.* New York, NY: Little, Brown and Company.

- Von Franz, M.-L. / Hillman, J. (1971): *Lectures on Jung's Typology.* New York, NY: Continuum International Publishing Group.

Der Leser steht an erster Stelle.

Eine Autorenkampagne
der Alliance of Independent Authors